*Gracias a mis amigos y amigas
por haberme dejado imaginar y escribir
lo que sentían sus hijos/as.*

Soy Chloe, tengo 3 años y estoy en el salón de mi casa.

Cuando saco todos mis juguetes de los cajones del mueble del salón o me zambullo en mi piscina de bolas, soy feliz. Me gusta ir al cole, pero nada es comparable con llenar toda la alfombra, bajo la mirada atónita de mis padres, de juguetes. Mis manos, a modo de excavadora gigante, vacían los cajones sin cuidado. A las niñas pequeñas nos gusta hacerlo todo rápido para empezar lo antes posible con la diversión.

Lo cierto es que me gustaría tener juguetes nuevos todos los días, pero intuyo que eso no es posible, aunque yo pongo cara de pena para conseguirlos. Todavía soy pequeña, pero ya sé lo que es la felicidad: jugar todo el tiempo. No entiendo por qué tengo que parar de jugar y perder mi tiempo comiendo o haciendo otras cosas que no me divierten. Entiendo perfectamente que a los mayores les guste hacer otras cosas... bueno, más bien no entiendo nada. En mi pequeña cabeza no hay sitio para otra cosa que no sea jugar. Los mayores me cansan, hablan demasiado y creo que, debido a que ya no tienen juguetes en sus cajones, han dejado de ser felices. No quiero hacerme mayor, pero cuando juego con mis muñecas hay momentos en los que me imagino siendo su mamá, hablando como una mamá de verdad, haciéndoles la comida y riñéndolas de verdad. Todo el tiempo estamos repitiendo lo que escuchamos decir a los mayores, y nos vamos haciendo un poco viejitos en nuestros juegos.

A veces, quiero hacerme mayor para dejar de compartirlo todo. Los adultos no comparten nada. Es otra pesadez que siempre me están repitiendo mi maestra, mis abuelos, mis padres y todos los mayores que se relacionan conmigo: «Com-par-te». Yo le pido a mi muñeca que comparta sus juguetes también. En lugar de dejarme jugar con mis cosas, tengo que compartirlas sin ninguna explicación. Mis cosas están en mis cajones, y mis cajones están en el mueble del salón que compraron para mis juguetes, y está tan clara mi explicación que no puedo entender dónde entra en todo esto el verbo compartir.

Me tumbo en la alfombra, hago una pataleta y entonces me obligan a recogerlo todo y a no jugar más. La felicidad, esa que yo conozco desde mi limitada perspectiva, de repente, se acaba como si fuera algo trágico. Lo bueno de ser pequeña es que al instante vuelvo a ser feliz.

Soy Alba, tengo 6 años y estoy en clase de gimnasia artística.

Como era incapaz de dejar de dar volteretas y de saltar de mueble en mueble, comprendieron que la única opción era apuntarme a gimnasia artística y dar rienda suelta a mi talento. Era eso o asumir que en determinados momentos irían rompiéndose los objetos y muebles que pueblan nuestra casa, o me rompería yo contra alguna pared cuando calculase mal el salto.

Mi madre había sido bailarina, es obvio que la genética hace su trabajo adecuadamente. Y luego, cuando conocí la palabra talento, supe que sin eso no hubiera servido de nada la genética.

Mi cuerpo es pequeño y elástico, pero dicen que está lleno de talento para la gimnasia artística. No hablo mucho, pero quién necesita hablar pudiendo hacer piruetas todo el tiempo. La gente habla demasiado.

El talento, para mí, es cuando se juntan la habilidad y la pasión que sientes. Dicen que tengo mucha pasión y yo supongo que eso

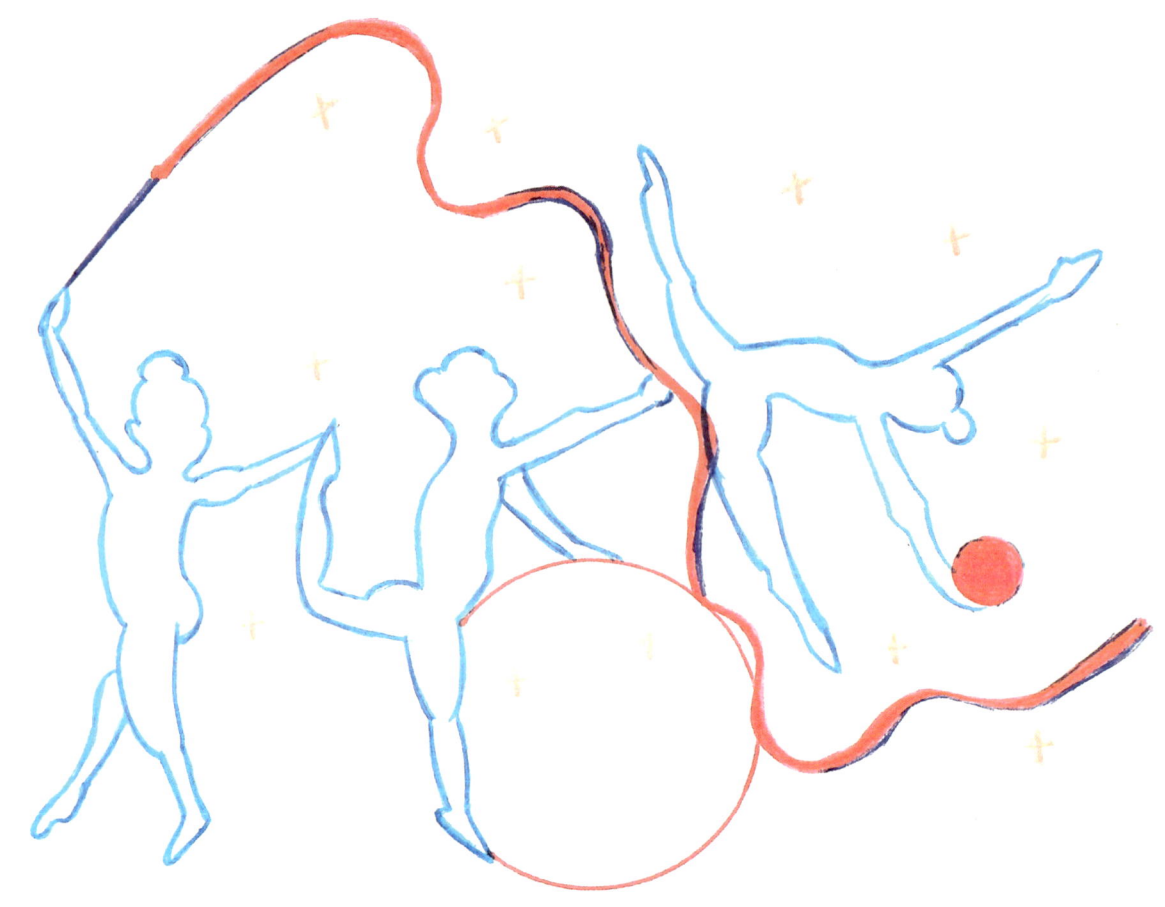

significa que lo hago muy bien, porque si no nunca me habrían apuntado a gimnasia artística.

Salto todo el tiempo, creo que si dejo de hacerlo todo será más aburrido, y con seis años comprenderán que no tengo todavía intención de tener un mundo aburrido. Cuando veo a los mayores tanto tiempo quietos pienso que están enfermos, porque estarse quieto es muy aburrido. En mi casa siempre estamos jugando, creo que para mis hermanos y para mí, si no existiesen las sillas no las echaríamos de menos. Bueno, quizá eso no sea del todo cierto, porque en el sofá o en un sillón cómodo sí que nos gusta tirarnos, pero para jugar. ¿Ven?, al final resulta que para los niños es imposible parar, ya bastante tiempo nos tienen retenidos en el cole. Menos mal que nos dejan salir al patio y allí de nuevo, durante un periodo de tiempo, puedo volver a brincar.

Los adultos parece que no recuerdan lo que sentían cuando eran pequeños, creo que lo han olvidado demasiado pronto. Por eso he hecho una promesa conmigo misma, y es que nunca olvidaré cómo me siento en este momento de mi vida. Ya sé que cada vez, a medida que crezca, tendré menos habilidad para dar volteretas y brincar, pero tendré la pasión suficiente para recordar lo emocionante que es y aplaudir a aquellos que lo hagan. Me repito en mi cabeza: «no pierdas nunca tu mirada de niña y salta».

Soy Celia, tengo 4 años y **estoy** encima de la cama con mi mamá.

Ella me ha contado que, aunque ahora está mi nuevo hermano dentro de su barriga, un día también estuve yo.

Es una casita perfecta para un bebé y me imagino que dentro habrá de todo para que mi hermano se haga grande antes de salir. Lo que me resulta raro es pensar que yo estuve una vez en la barriga de mi madre, la veo demasiado delgada para una niña tan grande como yo. Porque yo siempre he sido muy grande y esa barriga es pequeña.

Lo otro que se me ocurre, a veces, es si habré dejado lo suficientemente limpio el espacio para que ahora pueda estar a gusto mi hermano. Porque habré comido y habré hecho pipí y caca ahí dentro, y no sé quién lo habrá limpiado. Cuando salga mi hermano le preguntaré, aunque ya me han explicado que hasta que no sea un poco más mayor mi hermano no hablará, ni andará, ni podrá jugar conmigo, me temo que será un aburrimiento. No sé entonces para qué sirve un hermano. Cuando juego con mis muñecas ellas tampoco hablan, supongo que será algo parecido.

Estoy deseando enseñarle mis pintalabios y pintarle las uñas de colores. Quiero enseñarle a dibujar y a colorear, porque como ya soy tan grande tendré que ser su maestra hasta que pueda ir al colegio. Creo que tendré que estar mucho tiempo con él porque no sabrá hacer nada, le tendré que enseñar la casa para que no se pierda y tendré que sacarle a pasear y al campo. Seguro que también le gustará dar el biberón a las vacas, es un momento fantástico.

Le vestiré con las camisetas de brillantina que ya me quedan pequeñas y jugaremos a ir de fiesta y a grandes bailes. Le enseñaré a bailar y que no hay que contestar mal a nuestros padres, ni patalear, ni correr cuando hay coches.

Lo cierto es que la barriga de mamá ahora mismo es como un regalo de navidad o de cumpleaños, y, aunque sé lo que hay dentro, no alcanzo a imaginar cómo será. He visto a otros bebés, pero ninguno es mi hermano y que sea mi hermano hace que todo sea mucho más importante y especial.

También me pregunto si la barriga de mi mamá volverá a ser pequeñita, se ha estirado tanto que lo veo muy difícil, aunque ella asegura que con un poco de ejercicio se soluciona.

Pero sabéis qué es lo que realmente me emociona: que podré cogerlo en brazos y contarle cuentos para que se duerma. Tengo que ir preparándome, porque tener un hermano va a ser una gran tarea.

Soy Víctor, tengo 12 años y estoy mirando mi terrario de hormigas.

Hay más de 12000 especies de hormigas en el mundo y, aunque sea un insecto común, he descubierto que son bastante especiales y únicas. Cansado de verlas por todas partes, de soportar que la mayoría sean pisadas, consciente o inconscientemente, decidí que si había tantas tendrían que tener algo de particular, y me lancé, como siempre, a la investigación.

Insectos sociales entusiastas, que viven en comunidad con una sociedad perfectamente estructurada y jerarquizada. Las hay nómadas y las hay que nunca se alejan de sus colonias, pienso que se parecen mucho a nosotros, los humanos. Como son insectos tan comunes, en el colegio no se paran a enseñarnos cosas, y no puedo entenderlo porque el mundo está lleno de hormigas y es casi obligado prestar atención a ello.

Insectos diminutos que caminan entre nosotros como si fueran espías, porque son invisibles. En nuestra ignorancia de todo poderosos, creemos que no nos resultan de

utilidad y las ignoramos, salvo si nos pican o nos invaden. Matamos todo aquello que nos molesta. El ser humano siempre incansable en su búsqueda de cosas útiles, se olvida de lo pequeño. El ser humano en su ignorancia ha dejado de ser explorador y curioso, creo que, bajo mi prisma de niño, el ser humano ha dejado de ser filósofo.

Descubrí en mi investigación que se comunican y cooperan segregando feromonas, y además tienen un rollo parecido al nuestro: se transmiten los conocimientos que pueden ser aprovechados de generación en generación. Es como una *memoria colectiva* esencial para aprender a mantenerse alerta ante cualquier peligro. Construyen trampas, cooperan incansablemente para sortear inundaciones y machacan sin piedad a las especies que sean una amenaza para su supervivencia.

He creado un terrario y he dejado que las hormigas formen parte de mi vida. He descubierto que son como yo y que nunca se rinden: caminan, trepan hacia arriba o hacia abajo y siempre, a menos que las pisen, insisten hasta llegar a su meta.

Soy Marina, tengo 12 años y estoy escuchando atentamente.

Soy muy curiosa y sé, por lo que he escuchado, que la curiosidad es una cualidad importante cuando se quiere crecer realmente. Sería una estupidez pensar que mido 1,60 y que he crecido tanto gracias a mi curiosidad, pero sí os puedo asegurar que cuando estoy atenta y escucho de verdad, siento que me hago más mayor, más alta y más fuerte.

Ser curiosa no es ser cotilla. Ser curiosa es estar inquieta, rebuscar hasta los límites para satisfacer la necesidad de saber alguna cosa. Y aunque ahora soy consciente de que digo mucho eso de «déjame en paz», en realidad estoy diciendo que lo quiero todo, que lo que conozco se me está quedando pequeño, que necesito espacio y encontrar mi sitio. Soy curiosa y tímida y todavía no sé cómo voy a conseguir combinar ambas cosas para no sentir miedo. Por eso escucho con atención para no perderme nada y comprender qué es el miedo. Ya sé que son ocurrencias de

la adolescencia, esa que dicen que llega y te explota en la cara y te hace decir tonterías. Si mi madre me escuchara admitir todo esto, seguramente sonreiría encantada.

Ser adolescente, ¡ufff!, eso sí que me va a resultar complicado, y hermoso a la vez. Es la novedad que todas las niñas estamos esperando: cumplir años para ser mayores y tomar todas esas decisiones que nunca nos dejaron tomar. Aunque yo no elegí aprender a tocar el piano, ahora me gusta mucho y lo hago muy bien. Pienso que quizá nunca se me habría ocurrido pedir clases de piano. Pero, por ejemplo, si hubiera podido me habría hecho los agujeros de las orejas cuando era un bebé, ahora es un horror porque duelen demasiado. En el fondo no estoy segura de si quiero ser mayor. El mundo de los mayores sí que es complicado.

Seguro que vais entendiendo qué es escuchar de verdad, porque uno no imagina que se pueda escuchar de mentira. Los adultos creen que no escuchamos y os aconsejo que no les saquéis de su error, porque es imposible.

Cuando toco el piano suena el silencio en mi cabeza, es el momento en el que no siento miedo a lo desconocido, solo estoy yo y esa adolescencia que me acecha, desaparece. No hay ruidos y puedo escuchar con claridad mis pensamientos. Esa puede ser la definición de adolescencia, cuando el mundo desaparece y me *dejan en paz*.

Soy Ruy, tengo 9 años y estoy pidiendo la Nin otra vez.

Erre, u, y griega... Ruy. Siempre lo tengo que estar deletreando para que la gente lo escriba correctamente. No me importa, me gusta repetir mi nombre, es original y bonito, y quiero que tengan claro cómo se escribe. Parece que si saben cómo se escribe, cuando me llamen por él, sonará mejor. El nombre tiene que corresponderse con la persona que lo lleva, y conmigo han acertado, no podría tener otro nombre.

Nin... Como son tantas las veces que pido que me dejen jugar con la Nintendo, he aprendido a abreviar y la llamo Nin. La respuesta de mi madre, casi siempre, es no, pero como es un ejercicio propio de mi edad, un hijo siempre debe insistir en lo que desea. En el carnet de madre siempre está el "No" como primera respuesta.

Yo imagino que todas esas noticias acerca de lo peligroso que es estar enganchado a los videojuegos, hace que me limiten el uso de la

Nin. Los maestros también insisten en el tema de las pantallas y resulta bastante cansado. Al fin y al cabo, a lo único que juego es al *Mario Kart* y al *FIFA*, juegos que a mi parecer son perfectamente recomendables para chicos de mi edad. Pero yo a lo que realmente tengo ganas de jugar es al *Fortnite*, como la mayoría de los chicos que conozco, y disparar como un loco. En todas las páginas de videojuegos pone: «Juego no recomendable para menores de 13 años por su contenido violento y por el chat abierto». Yo en realidad entiendo que mi madre no me deje descargarlo, lo entiendo..., pero no lo entiendo, la verdad. Si los demás juegan sin que sus padres los controlen: ¿será correcto jugar a pesar de las recomendaciones? Me pregunto ¿qué es lo correcto?, y creo que no siempre coincide con lo que a mí me gusta.

Tendría que preguntarme también, ¿qué es lo adecuado para un chico de mi edad? Con nueve años se puede acceder a pocas cosas, y es una pena porque mi exceso de curiosidad me lleva a querer saberlo todo.

Por eso hago uso de la imaginación y me viene muy bien leer comics, *Mortadelo y Filemón* se llevan el premio a las situaciones más divertidas que se pueden crear. Todo lo que les pasa es tan increíble que cuando lo estoy leyendo no puedo parar de reírme, y aunque en la vida real todo es tan imposible, en mi cabeza creo que transformar lo real y reírse de uno mismo es muy sano. Y, por eso aunque nadie lo sabe, me río de mis cabezonerías, de mis manías y de esas cosas que, aunque sé que pueden irritar a los demás, a mí me gusta hacer. Lo que no saben es que en realidad soy un chico fiel a sus costumbres y que las rutinas me hacen sentirme cómodo, por eso cuando me ponen delante algo que trastorna esa rutina me siento extraño. Aunque, por otro lado, tengo claro que la única forma de evolucionar, al igual que con los personajes de los videojuegos, es experimentar nuevas comidas, nuevos espacios, nuevas personas o nuevas maneras de hacer las cosas. Eso sí, sin pegar tiros.

Cuando llega la noche, me siento en la cama, abro un tebeo y leo la historieta hasta el final. En los de *Mortadelo y Filemón* el final es constante, Ibáñez siempre les hace correr delante del jefe de la T. I. A., envueltos en gruñidos, disfrazados, llenos de vendajes o quemados por explosiones. Me gusta saber que ese será el final, y me gusta saber que en la historieta siguiente volverán a confiar en ellos para otra misión. Creo que el equilibrio puede ser algo así: confiar en que, aunque las cosas cambien, voy a estar bien. Al fin y al cabo, depende en gran parte de mí.

Soy África, tengo 5 años y estoy disfrutando de los unicornios.

Es de locos que a una niña no le gusten los unicornios y las princesas. No entiendo como a mi hermano Marco le pueden gustar los reptiles si son asquerosos, y más aún las serpientes. Eso de que se vayan arrastrando por todas partes y lo ensucien todo, no me gusta. Yo prefiero gatitos, perritos, bebés y por supuesto unicornios, son muy *kiut*. Tenemos un gato desde hace poco, se lo encontró Mihaela abandonado en la calle y nos lo hemos quedado, se llama Polar. Últimamente digo mucho eso de que son muy *kiut*, pero la verdad es que hay tantas cosas preciosas y para mí es una palabra que expresa muy bien lo hermosas que son las cosas. Es imposible pensar que Polar no es *kiut*. Es imposible mirarlo con esos ojos azules, ese pelo tan suave y tan blanco y no morir de amor. Yo sé que Polar ronronea porque es feliz, yo también sonrío cuando soy feliz. Creo que la felicidad también es *kiut*.

Con 5 años recién cumplidos la vida para mi es bailar, cantar y pensar en cuándo me casaré con *Gonsalo*. Mi madre me dice que

hay mucho tiempo para pensar en eso y que no tenga prisa, pero *Gonsalo* es mi amigo más especial y lo de casarnos, aunque sé que es una decisión importante, ya lo he decidido. Además, están Inés y Vega que también son mis mejores amigas, pero no me pienso casar con ellas porque creo que como son chicas, no me puedo casar con ellas, y creo también que con ellas no puedo tener bebés y me gustan mucho los bebés. De todas formas, *Gonsalo* me gusta de una forma diferente.

Cuando tenga bebés los vestiré de color arcoíris, que es mi color favorito y no me creo eso de que no es un color, sino que son varios. Estoy decidida a defender que el arcoíris es un solo color, mi color. Cuando lo miro también soy feliz. Si me caso con *Gonsalo*, lo haré vestida como una princesa: un vestido largo y brillante de color arcoíris, montada en un unicornio y agarrada del brazo de mi príncipe. Siempre y cuando él también quiera casarse conmigo y ser mi príncipe. Si no es así me hará daño en el corazón, porque soy muy sensible, y entonces me iré con mi hermoso vestido, montada en el unicornio a donde terminan los arcoíris. Allí dicen que hay un tesoro que escondió un duende.

Soy Marco, tengo 9 años y **estoy** leyendo el libro *El semen mola*.

Pene, pene, pene... y como me paso el día hablando del pene, pues mis padres me han comprado este libro y se turnan para leerlo conmigo. Lo cierto es que ha despertado mi curiosidad y, como consecuencia, me hago un montón de preguntas que ellos están aprendiendo a responder: ¿por qué mi pene a veces es pequeño y blandito y a veces no?, ¿qué pasa si tienes ganas de hacer pis mientras haces el amor? ¿Qué se siente al hacer el amor? Y, además, es muy graciosa la página que está llena de penes de todos los tamaños y colores.

También hay otras muchas cosas que me interesan, por ejemplo, los reptiles, especialmente las serpientes. Es imposible para mí soportar esas ñoñerías de princesas que le gustan a mi hermana África, ella siempre está hablando de gatitos, perritos y bebés, pudiendo hablar del apasionante mundo de las serpientes. ¡Que estafa! Lo único que no es una estafa es nuestro gato Polar, con sus ojos azules y su pelo blanco.

Me gusta mucho pintar y mi hermana, a veces, me pide que le dibuje unicornios y esas cosas que les gustan a las chicas y yo paso, antes prefiero ponerme a hacer ejercicios de matemáticas que me encantan y se me dan genial. Quizá me gustan tanto las matemáticas porque es lo único que no es *random*, mis *brothers* y yo pensamos que todo en este mundo es muy *random*. Lo cierto es que, aunque a veces no sabemos si la palabra está bien utilizada, nos gusta usarla, porque ahora está de moda y todo es *random* o *Xd random*, y nos hace parecer mayores. Creo que nos gusta sentirnos mayores de vez en cuando y desobedecer las normas sin dar explicaciones. Me gusta desobedecer, me gusta salirme con la mía siempre y discutir hasta desgastar a mis rivales. Me gusta mucho discutir y hablar y preguntar, supongo que es propio de mi edad, aunque a los demás les resulte agotador escucharme.

Soy Jesús, tengo 11 años y estoy viendo el partido del Madrid.

No me imagino ser feliz haciendo otra cosa que no sea jugar al fútbol. Soy mediocentro ofensivo y defensivo, por lo tanto, me ocupo de coordinar el ataque del equipo y cubrir huecos, y también debo recuperar el balón y destruir el juego ofensivo del equipo rival. Cuando el balón rueda por el campo de fútbol, y son mis pies los que lo mueven acertadamente, no puedo pensar en nada más.

Juego en el equipo del Don Bosco, formar parte de un equipo a esta edad es fundamental. Cuando uno forma parte de algo, y sobre todo de algo tan importante como lo es el fútbol, se siente privilegiado. Por lo que dicen, los deportes en equipo facilitan el aprendizaje de habilidades sociales, mejoran el desarrollo emocional y acaban con la ansiedad. Hacer deporte en equipo, me genera un sentimiento de plenitud y de felicidad. Quizá no utilizo demasiado palabras como ansiedad, estrés o sociabilidad, pero intuyo que deben de estar

relacionadas con ese sentimiento del que hablo. Para mí, esas palabras pertenecen al mundo de los mayores y por eso en los entrenamientos no las utilizamos, porque no son útiles. Me parece que al final los únicos que se estresan y angustian son los padres cuando gritan en los partidos de fútbol.

Para jugar al fútbol hay que estar muy concentrado, creo que es en lo único que soy capaz de concentrarme. Tengo que estar siempre muy atento a lo que nos dicen los entrenadores, sus consejos me han llevado a marcar goles y por eso muchas veces se los dedico. A veces, pienso que tendría que llevar esta capacidad de concentrarme al resto de las cosas que hago, posiblemente todo funcionaría mejor. Imagino que esto de la concentración debe de ser como un entrenamiento de fútbol y hay que planificar y emplear tácticas para mejorar el rendimiento. Tengo que centrarme, como cuando juego al fútbol, en lo que quiero conseguir.

Además de jugar muy bien al fútbol, soy del Real Madrid, y el partidazo de hoy me tiene emocionado. Ver jugar a mi equipo favorito, el mejor del mundo, y verlo ganar la deci-moquinta, eso sí que mejora mi desarrollo emocional.

Esta noche me iré a la cama imaginando que algún día voy a vestir la equipación del Real Madrid, voy a marcar goles en el Santiago Bernabéu y algún chico de once años desde su casa gritará de emoción.

Soy Laura, tengo 10 años y estoy en clase de piano.

A mi corta edad, he aprendido que las personas a veces no son lo que parecen y que no se puede juzgar precipitadamente por una primera impresión. Eso de que «las apariencias engañan» me lo dijo mi madre, y desde entonces le he dado vueltas a esa cuestión. Creo que el mundo está lleno de engaños y de apariencias.

Las clases de música en el colegio son muy divertidas, aprendemos cuatro cosas, tocamos la flauta y el xilófono, hacemos algo de ruido y nos quedamos relajados y contentos. He escuchado muchas veces que «la música amansa a las fieras», y ya intuyo lo que significa porque mis compañeros de clase, a veces, parece que están en la selva y no se puede ni hablar, solo gritar. Incluso yo, a veces, me descubro gritando y no me reconozco. Creo que eso es lo más parecido a las fieras que la música debe amansar.

Me gusta tocar el piano, llevo algunos años aprendiendo a hacerlo y finalmente me han apuntado a clases de música de verdad.

Al principio de esta nueva aventura, la música dejó de ser un espacio divertido, para convertirse en un lugar de trabajo al que yo, en principio, no estaba dispuesta a asistir. Mi profesora del colegio sonreía todo el tiempo y si te equivocabas no importaba mucho, porque las clases de música en el colegio son una diversión. Mi nuevo profesor es muy serio y apenas sonríe, su nivel de exigencia aumentaba mi nivel de tristeza y frustración. Mis padres me han enseñado esa palabra y lo que significa es precisamente como me he sentido en las primeras clases. Yo que estaba acostumbrada a que mi maestra aplaudiera todas mis ocurrencias musicales. Yo que estaba acostumbrada a que mis padres me miraran con una sonrisa de admiración mientras tocaba el teclado en mi cuarto. Yo que estaba acostumbrada al éxito de las cuatro teclas que sabía tocar, ahora tenía que descubrir que existe la frustración, porque aprender música con seriedad es otra cosa.

Y aunque mi nuevo profesor es muy serio, he descubierto que la seriedad no ha impedido que yo me vaya sintiendo cada vez más cómoda en su clase. Su seriedad y su exigencia me han llevado a valorar lo importante que es no solo tocar cuatro teclas de cualquier manera, sino tocar y que además suene bien.

Tengo que practicar cuando llego a casa para perfeccionar y no quedarme atrás, y así voy dejando, poco a poco, de sentir que estoy frustrada. En realidad, los cambios en nuestras rutinas y que nos corrijan, cuando a nuestra edad pensamos que todo lo hacemos perfecto, las niñas de mi edad lo gestionamos bastante mal.

Mi música suena mejor y ahora sé que mi profesor no buscaba molestarme, buscaba enseñarme cómo tocar adecuadamente. Presumo de saber leer una partitura, porque leer música es como hablar otro idioma. A mí me gusta mucho hablar otros idiomas, y más aún si suenan tan bien como mi teclado cuando pongo las manos sobre él.

Soy Ana, tengo 9 años y estoy en un museo, mirando el Guernica.

Es un cuadro muy raro, pero me gusta. Esa frase que tantas veces había escuchado decir a los adultos, de repente, tenía sentido para mí. Yo lo miraba desde todos los lados y no sabía qué era lo que había allí pintado.

Los niños, habitualmente, venimos a los museos acompañados de adultos. Somos demasiado pequeños para venir solos, principalmente porque necesitamos que alguien agarre nuestra mano al subir al autobús, que alguien pague la entrada y que no permita que nos perdamos dentro del museo.

Los niños perdemos las referencias con facilidad y este museo es demasiado grande para orientarme sin ayuda de mi maestra.

El cuadro me gusta porque se parece a lo que yo puedo pintar con mi lápiz. Son dibujos desordenados y hay muchas cosas que están rotas. Me gustan las cosas desordenadas, aunque en mi casa me riñen con frecuencia precisamente por ese motivo. Sin embargo, este dibujo de Picasso es como yo, y si está en un museo quizá no es tan importante ser ordenado. Voy reconociendo cosas en el cuadro y sigue siendo raro, porque hay una cabeza de caballo sin cuerpo, hay patas de animales que están sin cabezas, hay cuchillos, personas y niños. Todos parecen tener miedo. La maestra nos cuenta que, efectivamente, tienen miedo y nos pregunta qué es el miedo para nosotros.

Un día me quedé sola en casa, durante media hora, porque mis padres tuvieron un imprevisto. Los imprevistos también desordenan nuestra vida. Tuve miedo, porque no sabía cuándo iban a volver. Se me arrugó el estómago y tenía ganas de vomitar, eso sí que es miedo. Nos sentamos en círculo y fuimos contando nuestras historias de miedo.

Habíamos hablado en clase de las guerras, nos habían puesto algunas imágenes, no muy violentas porque somos niños. Siempre escucho que a los niños hay que protegerlos, todavía no sé de qué. Yo en mi casa había visto ya las noticias junto a mis padres, había visto gente con cara de miedo. Me han explicado perfectamente, mis padres siempre lo hacen, lo que pasa cuando hay una guerra y yo lo he entendido en mi pequeña cabeza.

Tengo mucha suerte, porque veo las guerras en la televisión, sentada en mi sofá con mis padres. Y ahora veo la guerra en este museo, pintada en un cuadro, sentada en un círculo con mis compañeros de clase y mi maestra, mientras nos cuentan, sin palabras duras, porque somos niños, lo que es una guerra.

Mi madre quiso ponerme tres nombres, pero en el tiempo en que nací no se permitía, por eso me llamo solo Carmen. Me gusta decir, a modo estoico, que soy cosmopolita. Confío en la grandeza del ser humano y soy filósofa a tiempo completo. Cuando me preguntan qué es la filosofía, solo sé pensar en la vida.

Escribo desde siempre porque las palabras no dejan de salir de entre mis dedos.

Publiqué en 2021 **Sexo, muerte y otoño**, y **Sexo, ruidos y primavera** en 2022. También he colaborado en **Filosofar entre rejas**, en 2022.

Estos son mis primeros relatos dirigidos a niñas, niños y adolescentes que ven la luz.

carmenperezcabrera@gmail.com

© Carmen Pérez Cabrera (de la obra)
©Apuleyo Ediciones (de esta edición)
Primera edición en Apuleyo Ediciones: octubre 2024
Diseño de cubierta: Vicente Mendoza Paz
Corrección: Aitor Andreu Guerrero
Maquetación: Vicente Mendoza Paz
Ilustraciones: Marisol Pérez, Eva Marcos, Celia García, Paco Galo y Carmen Pérez.
Coordinación editorial: Isidoro Cidre González
info@apuleyoediciones.com
www.apuleyoediciones.com
ISBN: 978-84-1060-320-2
Depósito legal: H 474-2024

Hecho e impreso en España.